빗물 그 바아압

권일혁 시집

시인의 말

우리는 모두 죽음의 가치를 채워 가는 존재들

—「죽음의 가치」 부분

세상이 몽땅 제 울분의 안방이겠지

안타깝고 불쌍한 인간아
어디서 굴러와 어디로 가느냐

—「서울역」 부분

어디쯤에 왔는가 알 수조차 없네
아
기약 없는 꿈이여

—「실망」 부분

2025년 가을
권일혁

빗물 그 바아압

차례

2부 이리 가나 저리 가나 가야 할 길이라면

1부

햇빛 속에서도 어둡다

무인도

버려진 자만이 아픔을 안다
멀리 떨어져 있는
절해의 섬만이
진정한 별빛과
밀려왔다 가는 파도의 의미를 안다

걸레

걸레가 되어 간다
시도
내 일상의 모두가 걸레가 되어 간다
원하고 바라던 바다
너저분한 모든 것들
닦고 닦고 또 닦자
찬란한 걸레가 될 때까지
용서받고
용서하고
감사하자
완벽하게 찬란한 걸레가 될 때까지

존재의 방

햇빛 속에서도 어둡다, 깜깜하다
촛불을 켜고 아무리 찾아도 찾을 수 없다
초대받은 손님일지라도
아무도 그 방의 정체를 알 수가 없다

나의 방을 내가 안다고 하지 말라
내가 아는 것은 모른다는 사실뿐
그것만이 진실이요 진리란 사실

주인도 모르는 정체불명의 운명의 방
어느 누구도, 안다고 깐죽이지 말고
모른다고 겸손하지도 말라
더듬거려 만져 보아도 결코 알 수가 없는 방
어둠의 방에는 어둠이 주인일 뿐이다

영혼이 준 감각의 빛으로

더듬으며 쓰다듬으며 살아갈 뿐이다

생의 무게와 길이

벌러덩 자빠져 천장을 보다
저울을 하나 그려 놓고
내 인생을 달아 보았다

바늘이 꼼짝도 않는다
너무 가벼워 달 것이 없다
자로 재어 보았다

티끌보다 작아 재어 볼 수가 없었다
안타깝고 가련하도다
생이
허무한 연기와 같구나

빗물 그 바아압

장대비 속에 긴 배식 줄

빗물 바아압 빗물 구우욱 비잇무울 기이임치이

물에 빠진 생쥐 새끼라 했던가

물에 빠져도 먹어야 산다

이 순간만큼은 왜 사는지도 호강이다 왜 먹는지도 사

치다

인간도 네발짐승도 없다 생쥐도 없다

오직 생명뿐이다

그의 지시대로 행위할 뿐,

사느냐 죽느냐 따위는 문제가 아니다

오로지 먹는 것 쑤셔 넣는 것

빗물 반 음식 반 그냥 부어 넣는 것이다

*시작 노트

오랜만에 부슬비가 내리는 사당역에서 '바아압'을 먹었다. 누구 하나
이렇다 할 말 없이 참 맛있게 싹쓸이로 먹어 치운다. 지금은 몇 군데
서만 거리 배식을 하고, 실내 배식이 정착되었다. 참 좋아졌다. 오랜만
에 부슬비 맞으며 야외에서 밥을 먹으니 옛일들이 주마등처럼 스쳐
간다.

자살 회상

죽어야 한다
나를 살해해야 한다
하느님 앞에 꿇어도
할 말이 있다
염라대왕이 잘 변호해 주리라

다른 길은 없다
외길만이 주어진 선택을 회피함은
비열한 삶과
더욱더 깊어 가는 고독의 늪
버겁고 버거운 미래의 연속만이 전개될 뿐
나의 선택은 이유가 확실하다

나의 좌우명에 충실했고
주어진 삶에 성실했다
돌아온 건
실패와 병고와 비웃음뿐

과정을 무시한 결과로 매번 돌아오는 비아냥들
죽음으로 이따위 것들을
묵살시키고
증거하고 싶었다
어차피 한 번은 죽는다
수억 수만 년을 산다 해도 한 번은 죽는 것
결코 별이 못 되어도
태양 속에 타 버린다 해도

억겁의 끓는 유황불에 던져진다 해도
짧지만 버거운 짐을 진 만큼
나름의 역동적 삶을 살지 않았는가
죽자, 죽자, 죽자,
남들이 누운 주검이라면
나는 정사각형 관에
무릎을 꿇고
묻히거나 태워지고 싶다
아니 저 애드벌룬 줄 끝에 다리를 달아

하늘르 날아가다 죽음을 맞는다면
아니면 저 보신각 종 불알에
목을 매달다가 신년의 종소리와 함께
나의 죽음이 퍼진다면

나의 유서의 두 줄은

"어머니 죄송합니다
백 개의 봉투를 백 개의 풍선에 달아 날려 주세요"

또 한 줄

"나를 있게 한 모든 것들이여 안녕!"
오직 죽음만을 생각했던 그날들
우습다
정말 우습다
가슴과 심장 그리고 핏속에서까지
남의 일같이……

왜 죽어 빙신 같은 넘들

살기도 힘든데

그 힘든 자살을 하다니

바보 같은 놈들

뭐, 힘들게 죽어

살기도 힘든데 뭔 씨알머리 없이 죽기까지 해

의미 없는 죽음도 없지만

의미 없는 삶도 또한 없다

어떤 의미의 살인이든 살인만은 안 돼!

참 바보 같은 연놈들

개 한 마리 살해하기도 힘든데

자기 자신을 살인해

살기도 힘든데 살인까지 하면서 죽어 빙신들!

해 담아 마시는 노래

비 갠 날 한가한 길을 가다
듬성듬성 물 고인 곳에
파란 하늘이 내려앉아 있는 것을 본 적이 있니
없다고? 그럼 여유가 없는 인간이군
한번 봐, 하늘만 있는 것이 아니라 그 속에 태양이 있지

산의 긴 나무 그 사이에 덩그러니 굴러가는 해를

마냥 그 해를 쳐다봐
하루쯤은 투자해도 괜찮을 것 같아

고개를 들어 해를 봐도 볼 수 없어
눈이 시려서
혹은 고개가 아파서
그러나 듬성듬성 파인 그곳에 뜨는 하늘과 해를 마냥
보고 있노라면
하늘의 해가 내 가슴에 담겨

옹달샘이든 약수터든
하늘을 담아 그 속엔 태양이 있으니
담아 마시는 거야
그냥 마시는 거야
그냥 하늘을 마시는 거지 뭐
하늘 속에 노란 계란을 담아 마시는 거지 뭐
커피를 마실 때도
술을 마실 때도 그 빛나는 하늘을 담아 마시는 거지 뭐

초등학교 운동장 가운데
움푹 파인 작은 연못을 만들고 싶어
가만 하늘과 별들이 내려앉고
새벽과 함께 하늘이 내려와 태양이 굴러가지
가끔은 고추잠자리와 멋진 날개를 한 나비도

물살이 일면 어그러졌다
새롭게 새롭게 퍼지는
비는 개도

서울역 움푹한 그곳엔
옹기종기 둘둘 말린 그 속엔 하늘이 없어
그러기에 노란 알도 없지
별도, 잠자리도, 나비도……
태양이 굴러가지 않아

아프다는 것

지옥 불이 따로 있나
오줌 쌀 기운
물 한 모금 먹을 기운도 없다면
그것이 생지옥

한 계단 한 계단이
생의 고비 같다면
한숨 한숨이
마지막 한숨 같다면
그것이 산지옥

보금자리와 가족
아
얼마나 안전한 것인가

아프다는 것
간절한 필요를 배우는 시간

갈대숲

메마른 영혼들이 바짝 말라 스산하니 운다
같이 울며 걷는다
수많은 긴 뼈다귀에
만장 같은 수염을 날리며
몰아치는 바람 앞에 절규하는
아 약한 자여 누워라
아 가난한 자여 일어나라
끝없이 끝없이 내몰린 이 밤을 새울 때까지
나를 대신하여 울어 주는 너
휘몰아치는 절창의 노도처럼 누웠다 일어서라
그리고
꼬인 바람을 갈라내며 달려라
끝없이 끝없이
바짝 마른 신음의 외침으로
강물 속의 달빛이 다 마를 때까지

빌딩 숲

어스름이 젖어 내린 서울역
옛날의 위용은 사라지고
산업의 빛 속에 포위당해
겨우 명색만을 유지한 채
책임을 쏟아 내고 있다

뭐가 저리 바쁠까
황금을 쫓아가는 벌떼들처럼

황금의 폐수처럼
나를 닮아 어슬렁거리는 나그네들

과연 이것만이 답일까
더 이상은 없을까
둘러보니 남산이 없어져 버렸다

나를 같잖다는 듯 내려다보는
어스름 속에서의 수상한 빌딩 숲

지금은

다행이다
그냥 가는 줄 알았는데
또 한 번의 기회를 부여받았다

잘 견뎌 내었다
또 한번 좋은 공부했다
수고했다 파이팅!

병도 병이지만
인격이 병든 존재들을
옆에서 지켜보며
참을 수 없는 분노가 일었다
잘 참았다

힘이 없는 정의와 진실
병든 정의
장애적 진실이란 생각을 많이 했다
고비를 잘 넘겼다

커피와 담배 맛이 그런대로 괜찮다
방 정리
쪽방 구입
그리고 수급과 자활 등이 당장의 숙제다

당장은 세월이 알아서 하겠지
그다음은 운명이 알아서 하겠지

원점이야
지금은
아무 생각 없이 숨 쉬며 이렇게 사는 것
그리고 다시 시작하는 것

독백

사랑이라는 것
묘한 황홀감에 나도 몰래 젖어 드는 것
그렇고 그런 줄만 알았네
그 뒤에 올 절통의 슬픔과 아픔을 몰랐네

거리마다
너와 나의 장소마다
아늑한 창문 안에서들
화려하고 찬란한 사랑을 나누지만
그렇게 부럽지 않은 이유는 무엇일까
그 사연을 아직도 그대는 아는가

지금도 나는
이 애처로운 냉소를 넘어
그 하얀 이빨의 미소와 눈빛을 그리며
사랑의 황홀이 쏟아지던
우리 추억의 곡조를 따라
남산을 거쳐 명동 길을 걷노라

이것이 너를 생각하는 마지막 찰나일지라도
결코 잊지 않았다
그리웠다
그만큼 길고 길게 사무치게 너를 사랑했노라

죽음의 가치

그를 안다고 말하지 말자

이름과 얼굴만 안다고
잠시 자기의 인연 속에 머물렀다고
어찌 그를 진정 알 수 있으리
나 역시 그러하지 아니한가

과거의 이력을 대충 안다고
그 미래마저 어찌 측정할 수 있으리
나 역시 그러하지 아니한가

그를 안다고 결코 말하지 말라

산봉우리와 파도만 볼 뿐
어찌 그 뿌리와 깊이를 알 수 있으리
그의 용트림의 저력과 가치를 알 수 있으리

우는 까닭을 안다고 말하지 말라

침묵의 사연을 안다고 내뱉지 말라
우리는 모두 죽음의 가치를 채워 가는 존재들

머릿고기

누구를 위하여
모든 복을 위하여
제 살점과 내장을 잘라 접시에 올려 바친다

너는 그러한데
이 육신은 누구를 위해 바쳐야 하나
존재의 값이
살점 값으로 매겨진다면
존재의 육체 속에 영혼이 없다면
그 얼마나 허무한 가치일까

너의 부활을 위해
한 잔의 소주에 살점 한 점을 씹으며
무엇으로 토해 내어야 할지

이내 살점은
누구를 위해 올려 바쳐야 할지

승리자

승리자여
그대 영광의 월계관에 박수를 보내노라
이유 없이 환호를 보내노라
고통의 뿌리에 더 큰 박수를 보내노라

패자여 울지 마라
그대 패배의 울분에도 위로를 보내노라
까닭을 묻지 않고 위로를 보내노라
미래의 더 큰 영광에 큰 박수를 보내노라

삶은 사는 것
승리는 목표이지만
패배는 필연의 과정일 뿐이다
내일도 태양은 뜬다 반드시 뜬다
동해와 서울역 광장에서도 뜬다

승리의 여명은
모든 패배의 쓰린 심장으로부터 뜬다

서울역

저것이 또 취했군
세상이 몽땅 제 울분의 안방이겠지

안타깝고 불쌍한 인간아
어디서 굴러와 어디로 가느냐

이 추운 밤
어디에 꼬꾸라져 어느 꿈으로 가려 하느냐

그 개소리
그 개소리
어제의 내 참혹한 모습이 아니던가

잘되고 싶었겠지
그게 그렇게 만만하더냐
너의 건방진 혀뿌리가 문제로다

아

불쌍하고 가련한 내 참회의 스승이여
서울역의 긴 겨울밤이여

2부

이리 가나 저리 가나
가야 할 길이라면

친구

나의 기대를 다 충족할 친구는
이 세상에는 없다
천국에도 지옥에도 없다
오직 내가 되어 주어야 한다

나를 내가 용서하듯이
그의 모든 것을 용서하고
내가 나를 배려하듯이
그의 모든 것을 배려하고
사려 깊지 못한 언행에 후회하듯이
그의 모든 것을 이해해야지

내가 그가 보고 싶을 때
벌떡 일어나
그를 찾아 나서야지
뭘 하다 생각이 나면
쑥스럽더라도 내가 먼저 전화해야지
나를 위해서보다

그를 위해서 항상 기도해야지

그놈보다 먼저 죽어 줘야지
외면하고
먼저 가서 험한 길 닦아 줘야지

동행

나를 인도하는 이여
어디서
어떻게 왔다
어디로 가시나이까

내게 속삭이는 이여
어디서
무엇으로 오셨다
왜 가시나이까

내 삶의 안내자여
이제
어떻게 하란 말씀인가요

짜디짠 노래

내가 노래라고
스바, 쉰 소리 하네
흐르고, 마르고, 그리고
또, 또, 또, 쥐어짠 피딱지구만

뾰두라지, 여드름 청춘
눈썹 빠진 문둥이의 다래기
염병 같은 필연의 홍역치레
타고도 더 타는 최후의 전쟁
마지막 화살의 외침 자국이구만

쏟았다, 부쉈다, 토했다, 들었다,
뒤집어 깠다, 빨았다, 붙였다,
밤이 부르트도록 발광하다, 버리는
끝내는 그 딱지 똑 떨어져 남긴 윙크
여무디여문 흉터로구만

딴 사람은 노래라고 해, 난 흉터

그래도, 그래도, 그리해도 그대가
최후의 몸부림의 반항으로
어거지 땡깡을 부린다 해도
손톱에 낀 피딱지를 딴 손의 땀으로

그때야 짜디짠 노래라고 할 수 있겠네

놔요

놔요 나는 가리다
누가 뭐래도 나는 내 갈 길을 가리다
놔요 나는 하리다
내가 해야 할 몫이라면
주저 없이 하리로다
놔요 나는 가리다
나머지 뒤처리는 당신이 하시오
놔요 나는 하리다
이리 가나 저리 가나 가야 할 길이라면
놔요 나는 가리다
놔요 나는 하리다
습관이 더 굳기 전 나는 그렇게 하리다

후회 없이 싸워라

나는 왜 작은 일에 분개하는가 *
나의 가치를 왜 깎아내리는가
내 할 일 하면 그뿐
그 가치로 분개를 대신하면 되지
왜 그딴 일에 신경을 쓰는가

지랄도
염병도 습관이니 내버려둬
그깟 일
그 작은 일에 분개하고 있는가
쪼잔한
쓰잘데없는 일에 신경 쓰지 마

그냥 웃어
그보단 네 할 일에 더 신경 써
미워하지 마라
억하심정 말끔히 버려라

그이의 습관이고 병이다
그렇게 살아온 인생이 오죽하랴
불쌍하고 애련하게 여겨라

그보다
한숨이라도 더 열심히 운동하고
끼적이고
만화책이라도 더 읽어
분개할 가치를 찾아 노하던
분개할 비중을 알고 지랄을 하자

정당한 짓도 아니다
미칠 일에 미쳐라
뚜껑 열 일에 열어라
그깟 일에 지면 어떻고 이기면 어떠랴

부채 쓸 일이 있고 도끼 쓸 때를 알아라
가타부타 인품 보고 따져라

싸움이란 이길 수도 있고 질 수도 있다

오십보백보
작은 일에 분개 말고
멋진 일로 멋있게 후회 없이 싸워서 이겨라

*김수영 시 「어느 날 고궁을 나오면서」의 한 구절을 변형.

스스로

가란다고 가고
오란다고 올 것인가
내가 세상에서 할 것은 아무것도 없어
그럼 아무것도 없지

스스르 하는 것
자연처럼 하는 것
물과 함께 스스로 하는 것

다만
무지를 스스로
단호하게
허락하지 않고 용서하지 않는 것

연어

돌아가리라
기어코 돌아가리라
이 눈물 다 쏟아부어
그 강물 타고

기어코 돌아가리라
믿는다
남청강의 그 달빛
솔바람

나를 기다리고 있음을
나의 남은 눈물

그 모두를 품어 줄 것을

생사의 기로

넘으라고 생긴 게 고비지
주저앉으라고 있는 것이 아니잖은가
뚫고 넘어뜨리라고 생긴 것이 장벽이지
고민만 하라고 생긴 것이 아니잖은가

모든 문제는 뜻이 있음이니
돌아갈 수 없는 외길이면
넘고
뚫고
넘어뜨려 짓밟고 가는 수밖에는
지도를 믿자
더 이상의 확신은 없다
그동안 쏟아부은 인고의 열정을 믿자
자
이제부터가 삶의 진정한 가치의 결산이다
고뇌의 통빡은 끝났다
창조와 개척
사업과 일과 사랑

모든 결론은 정의와 진리에 응전할 용기이다
한 번 죽다 살아났으니
거룩한 신뢰에 대한 흔들림 없는 믿음이다
모든 분노의 슬픔을 다해 울어라 파장이여

어둠처럼

떠나자
우리는 요람을 떠나 무덤으로 가는 과정의 존재들
헤매며 구하는 영혼의 방랑자
잠시 누구의 인도였던가
무엇으로 만나랴 사연 따라 떠도는 나그네 인생
자연이 있어
사회가 있어
세상은 학교요 사회는 교실이 아니던가
내 스승은 나 이상 없노라
내 충실한 제자여 그대 스승을 키워라
앎은 주어지는 것이 아니라
내 속 잠자는 영혼을 흔들어 깨우는 것
떠나자
그대 영혼의 바다로 하늘로
대지의 끝에는 바다와 하늘이 있고
그대 가슴의 숨결 같은 바람뿐이라네
물방울이여
시냇물을 따라 강을 따라

그대 숨결을 벗 삼아 큰 벗을 찾아 떠나자 어둠처럼

실망

저녁이면 꿈속을 헤매다
아침이면 닫혀 있는 경이의 동굴
고개를 넘어 고개로
세월만 덧없이 죽이고 있구나

어디인가 이 암담함의 끝
어디쯤에 왔는가 알 수조차 없네
아
기약 없는 꿈이여

그래도 가야 한다 내 소명의 길
또 실망은 성공의 필수

자서전

쓰고 싶었다
언젠가 꼭 쓰리라 했던 자서전의 시작

흐트러진 하늘에서 상처 난 밭에 뿌려진 두 번째 물방
울이었다
용이 되지 못한 구렁이로
전중의 폐허 속에 황폐한 울음으로 왔다

분노의 바람이 내 영혼을 휘감고
피할 수 없는 안개 속의 운명의 흙바람으로
이리저리 깎이고 밟히며 설여문 돌멩이로 뒹굴며 살
았다
억울했다, 노력만큼
나를 증명할 길이 보이지 않았다
창조와 개척만이 유일한 길이었다
사업과 일과 사랑은 욕심이었다
질곡의 어두운 바람이 잔혹하게 불어만 왔다

세금 없는 꿈이라
초등학교 때는 전혀 가능성이 없지만
대통령처럼 마음먹고
권좌를 잃어버린 왕세자처럼 헤매고
충절의 마음으로 책을 읽었다
그뿐이었다
돌아온 건 질타와 멸시
알 수 없는 고통과 병명 없는 병고뿐 남은 것은 노숙이
었다

몇 번의 자살 시도
이것도 마음먹은 일이라 이 역시도 끝내 실패였다
많이 헤매고 많이 몸부림치고 외치며 울었다
그뿐이었다
최후엔 기도였다
따졌다 사랑은 무엇이며
전지전능은 무엇에 쓰며 어떤 게 발동하는 것이냐
인간적인 노력은 할 만큼 했다 신은 뭐 하는 것이냐

신에게 따지며 엉기다

더 죽을 뻔했다 괘씸죄로

그때 감을 잡았지

있긴 있구나

그렇다면……

보았지 그 신이란 분을

작은 것은 여러 번

큰 것은 두 번

미지근한 믿음이 이제 더 확신이 되더군

어찌어찌 뒹굴다

사각모자를 쓰게 되었다

대통령의 꿈이 쪼잔하고 시들해지더군

내 자신을 조금 알게 된 거지

그 자리에 시인이 들어왔다

대통령보다 이것이 훨씬 행복한 것이라며

나한터는 이것이 그런대로 격에 맞는 친구라며
쫓아나도 나갈 생각을 않고 버티더군
할 수 없이 동거를 시작하게 되었지
모르겠다
어떻게 여기까지 뒹굴어 왔는지
정리가 안 되는군
두고 보면 알아 무엇을 유레카 했는지
신이 어떻게 작동하는지
신이 살아 있지 않고서야 어찌 이런 일이……

흥분했어
모든 고통이 순식간에 몽땅 다 날아가 버렸어
감동이야
너무 기쁘니 별로군
이 같은 날 한잔 아니하고 어쩔 것이냐
푸짐하고 인심이 넉넉한 우리 집으로…… 하하하 통쾌
한 오늘

지도는 완벽하다 원래 길은 없는 것이기에
진정 찬란한 미지의 항해는 지금부터……

그렇게 죽으리

깝치지 마라 종달아
푸른 산 푸른 하늘 네가 가져라
촉새 같은 이 땅도 네가 몽땅 가져라

나는 가리라 고래를 잡으러
낚시도 없이 뜻만 가지고
나는 가리라 어둠의 땅으로

그 하늘에 별을 뿌리리라
맑은 옹알거림으로 살아가리라

잔 속에 담은 달빛을 고요히 마시리라
부귀도 명예도 네가 몽땅 가져라
나는 가리라 고통의 땅으로

태양이 이글대는 바람의 땅으로
신비를 찾아 그곳으로 가리라

노을에 뛰노는 번쩍이는 숭어떼들
서해의 노을 속 타는 꿈을 찾다 죽으리

우리 집으로 간다

나는 오늘도
파고다 공원 뒷골목
푸짐한 순댓국집 우리 집으로 간다

작은 업장
찌든 역사와 질곡의 주름살들
온갖 삶의 시름들이 왁자지껄한
나 또한 버거운 거리들

해를 담아 숙성시키고
시름을 씹고 마시는
파고다 공원 뒷골목
푸짐한 순댓국집 우리 집으로 간다

내 얼굴을 본 직원이 독감 사절
한번 놀려 주길 기대하며
또 한 톨의 짐을 더하며
끈질긴 삶

소박한 미소
내가 기대하는 미래의 우리 집
인정어린 남매들의 우리 집으로 간다

신이여

매사에 시큰둥한 나날들
감흥 없는 일상
심금마저 죽어 버린 호기심
사망이로다
숨 쉬는 사망이로다

더 이상 나태의 관짝에 못질할 수는 없는 것
일어나자
차근차근 발가락을 움직이고 무릎은 굽히고
숨을 몰아쉬며 어깨에 힘을 몰아 보자
칠성판으로부터 등을 해방시켜야 한다

기도하듯 무릎을 꿇고
엉덩이에 압박을 힘차게 가해 보자
더 이상 막연함에 기대하는 것
그것이야말로 사망이 아니겠는가
안일이 아니겠는가

진정 죽어 본 자만이 안다
신이 살아 있음을
내 속에
신성이 우리의 부활을 부추기고 있음을

잘 쉬었다
그것이면 충분해
충분한 보상의 시간이었어
일어나자
내 역사의 마지막 마무리를 위해
찬란한 역전의 피날레를 위한
이 최후의 발악의 알몸 투혼의 신이여

왕권

내가 결정하였다
마음의 궁궐에는 민주가 없다
오직 내가 법이다
독재도 없다
오직
절대 군주인 내가 있을 뿐이다

나의 결정은 내가 몽땅 책임진다
이 결정에 대한
실천과 책임도
그러기에 그 영광도 몽땅 나의 것이다

우리는 각자의 지존이며 물방울이다
역사이며
절대 군주인 왕일 뿐이다

서로서로
왕답게 언행 하고 왕답게 접대하자

세상에 시녀는 없다
충복도 간신도 없다
마음의 국가에는
서로서로의
절대 지존의 웅대한 왕이 있을 뿐이다

축하 인사

그녀가 시집을 간다네
오늘이 그 잔칫날이라네
나는 깡통
너는 하얀 원피스로
우리는 그렇게 신촌에서 만났다네

그녀는 검은 지프차에서 내려
너무나 하얀 눈부신 치마를 입고
저만치서 걸어갔다네
나는 페인트 깡통을 들고
멀리 찌그러져 바라만 보았다네

세월은 흘러 흘러
질곡과 슬픔의 강을 따라 흘러
가끔 소식을 엿들으며
열심히 숨을 쉬며 살았다네

그런 그녀가 최고의 결혼을 한다네

깡통 놈은 이제
어느 너저분한 피시방에 박혀
헐떡이며 콜록콜록 기침을 한다네
깡통과 원피스의 운명은
그렇게 그렇게 흘러가고 있다네

이제 남은 게 딱 하나 있다네
어디에서 어떻게 죽을 것인가
최후의 숨은 어떻게 멈출 것인가
어쨌든
동갑내기 원피스 그녀의 결혼을 축하한다네

소명

꿈은 어둠으로 찾아와 별이 뜨는 것

달밤 속을 고독하게

속삭임을 따라 걸어가는 것

평범 속에 비범을 찾아 헤매는 것

모든 것을 가슴 깊이 담아 숙성시키는 것

소명으로

겸손히 받아

오로지 빛을 더해 도로 받쳐 올리는 것

3부

이 세상 어디에도 갈 곳이 없을 때

평화의 궁전

고정된 울타리 밖은 언제나 깜깜하다
이 미지의 밖은 주인이 없다
그 긴 시간 동안 별만이 주인이었다
항상 기다리고 있다
땅의 주인을 그리고 태양을
첫 발자국을 찍은 자가
그 미지의 땅, 해이며 왕이다
물을 찾고
씨를 뿌리면
꽃이 피고 새 울고 벌 나비 찾아오리
이 광활한 영역에
집을 짓자
아주 웅장하고 광활한 담장이 없는 집을
성곽이 필요 없는 모두의 평화의 궁전을

숨쉬기

사랑하리라
평범한 것들을
외면하는 더러운 것들
일상의 쪼잔한 것들 속에 숨어 있는
한 음절의 멋진 노래를

삶은 평범한 것
우리가 기대하는 특별한 꿈
그것은 일상의 무료함에 대한 거부
삶의 감옥으로부터의 탈옥일 뿐
결코 삶의 실존은 아니다

특별함이란
평범 속에 얻어지는 찰나의 결정
평범을 외면한 비범은 결코 없는 것
무료하다 하지 말라

무료하고 지겨운 것이 삶

당신에게 무료한 것이 없다면?
당신에게 숨쉬기가 없다면?

반겨 줄 사람

많은 사람이 내 앞으로 오고 지나간다
나와 상관없는
다 모르는 사람들뿐이다

얼굴은 알지만
이름도 고향도 모르는 놈이 지나갔다
잘했다는 생각이다

얼굴도 알고
이름도 고향도 성격도 잘 아는 놈이 지나갔다
뭔가 찜찜한 생각이 든다

그들도 그럴 것이고
나 또한 그러하다
나에게 많은 메시지를 던지고 지나는 사람들

나를 반겨 줄 사람은 바로 나

보인다

모든 최후의 결정은
이정표가 필요 없는 오직 한길
험악한 외길뿐

깜깜한 동굴 그 끝에 펼쳐진
아무도 닿지 않는 하늘
아무도 밟은 적이 없는 땅

넓고도 넓은 빛의 나라
어떻게 왔던가
그 누구의 인도인가

이곳까지 올 수 있었다니
모든 분노 모든 영혼을 다 바쳐
걸어가야 할
내 인생의 외길이 저기 보인다

차별

몇 군데 제출한 이력서로부터 연락이 왔다
90만 원에 4대 보험
경비원을 뽑는데 웬 젊고 건장한 사람들이
면접관이 힐끔 나를 쳐다본 후

차례로 불러 이런저런 것들을 묻는다
나의 차례는 맨 나중이었다
대충 이런저런 것들을 묻고는 안경테 너머로
나의 얼굴을 쏘아보면서 아저씨는요,
저 뒤쪽 문을 경비하는데요, 70만 원입니다. 하실래요.
분노가 치밀었다, 알았어요 하고 일어서는데
눈물이 핑 돌았다
상처, 이 얼굴의 상처 때문이리라
인정사정없이 눈물이 쏟아졌다
계단을 내려오다 헛디뎌 무릎이 까졌다
길가의 노상에 걸터앉아 한없이 한없이 울었다
이제 경비원도 할 수 없다 욕하지 않으리라
입장 바꿔 생각해 보면 맞다, 두고 봐라,

이 혐오를 영광으로 만드리라 아니 이제부터

경비 같은 직업은 내가 안 한다, 꿈도 안 꾼다
천금을 줘도
눈물이 핑 돌았다
내가 너를 확고하게 차별하리라
이제 또 어디에 이력서를 내야 할까

찬란한 기쁨

아픈 몸을 뒤척이다
젖 먹던 힘 다해
수상한 밥 한 숟가락 물에 말아
그릇 바닥에 말라붙은 김치와 먹는다
찬란한 외로움의 순간이지

그딴 것도 사치다
혼자 있을 때 아픈 것
숟가락이 무거울 정도로 아플 때
쌀 봉지를 빤히 쳐다보고 있는 찰나의 순간

찬란한 고독의 순간이지

이것도 사치다
쌩쌩 부는 찬바람의 한파 속에 신문지 한 장

전날 마신 강소주에

담배꽁초가 무거울 정도로 뒤틀린 탈진

물 한 모금이 간절히 필요한데…
지하철 방호수 꼭지까지
기어갈 최후의 힘도 다 소진되어

찢어지고 짓밟힌 병든 쥐새끼로 헐떡거리는 그때
눈치 빠른 노숙인이 종이컵에 물을 따라왔을 때

그 거룩한 손 찬란하고 찬란한 신비의 종소리

그리운 난장판

이렇게 찬바람이 불어오고
내 마음 쓸쓸할 때면 그때가 그리워진다

구룡마을 그 천막 방 속에서
거무튀튀한 된장에

냉랭한 물에 씻은 상추에 풋고추
죽어라 마셔라

피곤을 씹어 대던 삼겹살 씹던 때가

입맛보다 그 얼굴 그 목소리
그 시금털털한 농지거리

버거운 삶을 잘근잘근 씹던 그때가
정말 아쉽고 아쉽게 그리워진다

아침에 일어나면

술병이며
담배꽁초며
잡동사니 쓰레기 난장판
그 뒤치다꺼리 마다 않고
언제나 덤덤히 반기던 그때가 그리워진다

기다려라
꼭 옛날 이상으로 회복하여
삼겹살 왕창 사서 가마
술은 그대가 준비해라

못다 한 너와 나의 이야기로

봄날

따분한 적막감에 입김을 불듯
시간을 초월하여 아득히 멀어진 옛 시간으로 산책을
한다

때는 시원한 바람이 부는 탁 트인 저수지
낚시를 던져 놓고
자연과 더불어 친구들과 한잔한다

도시에서 느낄 수 없는 이 소박한 탁 트임
가끔씩 올라오는 잔잔한 물결 속의 짜릿한 손맛
그때가 그나마 내 인생의 봄날이었군

그 봄날
좀 더 사려 깊게 생각하고
더 진지하게 더 먼 미래를 낚았어야 했는데

옛 노래

너를 사랑한 까닭에
싸늘한 비바람이 불었나 보다

골목 귀퉁이 포장에서
오뎅 꼬치와 소주 한잔 걸치고
옛 노래를 흥얼거리다
울컥 눈물이 난다

못 배우고 궁핍했던 내가
순진한 너를 사랑한 까닭에
한생이 덜 피곤하였나 보다

눈사람

그 거리 그 자리에 카페가 생겼네

아주 아늑한 멋진 카페가
외투를 벗은 어떤 여인이
아기와 행복하게 웃고 있네

그 거리 그 자리에 카페가 생겼네
아주 따스하고 멋진 카페가
책을 읽는 어떤 여인이
커피를 마시며 누구를 기다리네

그 거리 그 자리에 카페가 생겼네
멋진 음악이 흐르는 듯
아기를 품에 안고
진눈깨비 나리는 창밖을 쳐다보네

이 거리 이 자리에 나는 서 있네
아득히도 먼 추억에 취해

너를 위해 기도하며

눈보라를 맞으며 마냥 서 있네

잘 떠났어

잘 떠났어
더 기다리지 않고 잘 떠났어

이유는 하나
가난 때문에 가지 못했다
변명이래도 좋다
실패 때문에 가지 못했다

돈 없는 사랑이 두려웠어
무엇보다 두려웠어
감당이 되지 않더라고
자존심 때문에 가지 못했다

빈대도 하루이틀이지
사랑하니까
자꾸 더 두려워지더라고
견딜 수 없는 부담이었어
숨이 막힐 것 같았어

쪽팔려 가지 못했다

고백하지
멀리서 지켜봤어
네가 떠나는 뒷모습을
꼭 좋은 모습으로 찾아가리라 했어
30년 동안 언제나……

쪽방촌 사람들

어디서 어떻게 살다가
이리저리 흘러왔을까
휑한 눈망울에
삶이 저리도 무거운
한숨 속의 쪽방촌 사람들

살갑지 않은 얼굴마다 걸음마다
지나온 삶의 버거움의 향기가
굳은살처럼 배어 있다

벗어날 수 없는 생존의 감옥
한 명 한 명
하나같이
비루한 역사의 긴 대하소설들

많이 무겁다
누구도 읽지 않는
아직도

존재의 이유를 찾지 못한
시작과 끝이 없는 나의 이야기들

시

김춘수의 「꽃」을 읽고
내가 너에게 날개를 달아 주기 전에는
수많은 것 중에 하나에 불과했다
그냥 스치는 단어에 지나지 않았다

내가 너에게
깃털을 꽂고
눈을 찍고
생명이 입김을 불어 날려
새로운 경혼의 날개로 날아
어떤 이의 품에 안길 때
작은 빛의 시가 되었다

모든 꿈은 창조의 세계
우리 생은 시의 파노라마
모두는 타고난 갈증의 시인이다

너는 나에게 나는 너에게

잊히지 않은 가치

어떤 의미 있는 귀한 속삭임이 되고 싶다

그 언덕 위 작은 방

이렇게 어둠이 짙어지고
찬바람이 불어오는 거리에서
이 세상 어디에도 갈 곳이 없을 때
생각나 그 언덕 위
다 떨어져 나간 나무 문짝 안에
그 따스하던 미소가 있던 방이
십구공탄 위에 김이 모락모락 오르던 물 주전자
한 장 한 종지에 먹던 그 김칫국과 밥이 생각나
아
내 살던 그리운 그 언덕 위 작은 방
서로의 젖은 깃털을 비비며 살던
그 아늑하고 따스한 방이 사무치게 생각나

죽은 자에 대한 회상

죽은 자에게 부끄럽지 않게 살리

죽음보다 더한 공포
그 이상의 고통이 어디 있으랴

그 이름 더럽히지 않게 살리
그 다문 입보다
굳은 혀보다
더 사연 많은 이야기 또 있으리

부끄럽지 않게 조용히 살리
이유와 까닭을 다 묻고 가 버린 이름이여
그대 짐 다 짊어지고
주어진 삶 거부하지 않고 살리

나 또한 그대처럼
그런 사연 안고 죽을 때까지

4부

고독해 눈물 흘려 보지
않은 자 몇이나 되겠는가

0

피시방이 적적한 정각 12시다

게임에 열중하다
일부는 개잡부로
일부는 이삿짐으로
나머지는 무료 급식소로
항상 이때는 적적하다
바쁜 것은 이때 청소를 하는 관리인뿐

서울역 생활의 또 한 조각이다
어디서들 흘러와 어디로 갈까
대충 다 짐작대로 흘러들 간다
시곗바늘이 다시 0으로 돌아오듯
인생을 탕진하는
생존의 피곤한 단면들
어쩌랴

그대나 나나 그것이 삶인 것을

눈 위에 쓴 글씨

눈에다 씁니다

뽀얗게 쌓인 눈 위에 당신 이름을 씁니다

애타는 그리움의 피를 찍어 씁니다

그립습니다

한없이 보고 싶습니다

환한 미소 상냥한 말씀

그 모습 변치 않으리라 믿으며 씁니다

이런 애탐도

다시 눈이 오고 바람이 불고

계절이 다시 오면 사라지듯이

언제가 다시 만나

길고도 먼 이야기를

눈 나리는 밤

따스한 손을 잡고

당신의 기대와 함께 다시 하게 되기를

설날 전야

이틀 후면 설날이다
어머니의 무우 써는 소리
친구들과 전화질 소리
거부할 수 없는 설날 전야의 소리들

지금은 나 없이 무엇들을 할까
그 공간을 무엇으로 채우고들 있을까
나는 이리 허전히 웃고 있는데

집어치우자
그보다는
내년 이 전야에는 무엇을 할까
어떤 누구와 어디에서
무슨 허전한 거리를 메우고 있을까
아니야 지금보다는 조금은 나을 거야

어머니의 무우 써는 소리 들리는
이틀 후면 설날이다

편지

오늘도 잿빛 빈 하늘에
답장 없는 편지를 쓴다
사연 없는 생이 어디 있던가
애타지 않는 가슴이 어디 있던가
그마저도 꺼져 버리면
모든 의미는 말끔히 사라지겠지
빈 하늘에 따가운 바람아
내 부질없는 바람의 기도
소박히 담아 님의 창문을 두드려다오

어떤 설날

모두들 행진을 한다
인고의 민족이 행진을 한다
사랑하고 그리운 이들을 향해
소박한 옛날이 소담스레 담겨 있는 그곳을 향해
보고픔을 재촉하는 잰걸음으로
그립고 환한 미소를 그리며
민족의 대행진이 시작되었다
간만에 시름을 털고
풍성한 이야기가 있고 호탕한 웃음이 있는
내 살던 그곳을 향해
시작과 끝이 있는 곳을 향해 행진을 한다
얼마나 힘들고 버거운 삶인가
이마저도 없다면 삶이 얼마나 황폐할까
좋다 명절이라는 것
그러나
나는 갈 곳이 없다
그곳 그때가 없다
그 얼굴 그 미소 그 음식이 너무 그립다

싸늘한 바람은 더욱더 시려 와
억장을 누른다
소주 한 병에 따스한 찌개 한 그릇
어머니 계신 곳을 향해 절을 올린다
멍하니 웅크려 눈물로 모자를 눌러쓴다

고함

나는 이 치졸한 진실을 엮어 내기 위해
얼마나 많은 거짓으로 포장하고 있는 것일까
나는 또 허무 속을 방황하고 있다
갈수록 길은 더욱 깜깜하다
전날에는 달빛이 있고 별빛이 반짝이며 안내를 했다
지금은 이마저도 없고 무덤덤한 어둠뿐이다
목표를 정하니 바람은 더욱더 싸늘할 뿐이다
내 양심의 속삭임은
이것이냐 저것이냐 선택만을 강요한다
짧게 쓰라
강력한 메시지를 담으라고 요구한다
아무리 짱구를 굴려도
굳은 심장이 뛰는 구절이 솟구치지 않는 것이다
버려야 한다
그간 구축한 모든 굳은 관념과 신념들을
친구여
이제 우리 서로 좀 멀리서 바라보자 냉철해지자
무엇이 우리를 지배하고 구원할 것인지에 대해

좀 더 진지하고 사려 깊게 더 생각을 해 보자
내 영혼과 육신을 지배하던
내 모든 친구들이여 동행자들이여

역사의 진정한 주인은

발톱을 깎다 보니 참

그놈 참

주인 잘못 만나

지겹게 돌고 돌았구나

질긴 놈

굽은 놈 뭉개진 놈

굳은살에 티눈에

무좀까지

참 찬란하다

그 역사만큼

그동안 이 역사를 버텨 온 놈

진정한 주인은

바로

찬란하게 꼬랑내 나는 바로 너

역사

역사를 보려면

쓰는 손보다는

걸어온 발을 보라

감춰진 발을 보라

드러난 것들은 다

나름의 위선

감추어진 것

얄궂은 향기가 있는 것

그것이야말로

발자국으로 쓰인

진솔한 양심의 역사

응시

신춘문예
시인
그딴 허울에
단연코 마음 쓰지 말라
결코 자유롭지 못한 것

몸은 어쩔 수 없어도
영혼을 속박하지 말자
그딴 통속에 처넣기 위해
결코 쓰지 말라

자유로워라
자유를 노래하라
슬플 땐 슬픔으로
기쁠 땐 환희로
모두와 자유롭게 쓰라

동행자

홀로 고독해
눈물 흘려 보지 않은 자 몇이나 되겠는가
홀로 분노해
입술을 깨물어 보지 않은 자 몇이나 되리
배꼽을
두 개 달지 않은 이상 모두는 홀로다
그러기에
우리는 서로에게 스승이며 제자다
그러므로
똑같은 눈물을 흘리며
같은 길을 서로 다르게 걸어가는 동행자

배고픈 갈대

눈밭에서 읍소가 울린다
깊은 시름의 한숨으로
그는 올분으로 떨고 있다
등이 굽은 채

바람을 탓할 일이 아니다
모든 이유에는
내 아직 모르는 비밀이 있어
까닭 모를 사연이 숨어 있어

그 바람이 허기진 잎새를
싸늘하게 때리는 것은
남모를 까닭과 이유가 있어
모두가 모르는 사연이 있어

아픈 거야, 그 바람은
치 떨리게 지나온
분노의 이빨을 떠는 거야

쪽방촌의 명절날

사람이 무엇으로 사는지
엄숙한 깨달음을 얻은 날

담뱃값과 소주값이 있어도
괜스레 허전하기만 한 날
마셔도, 먹어도
모든 것이 무겁기만 한 날
지겹고 짜증스러워도
그때 그 얼굴을 그리며
좋은 추억으로
채워도 채워도 내면이 공허하기만 한 날
올 사람도
갈 곳도 없는
돈 있어도 밥 사 먹을 곳도 없는

공허의 곡소리로
담배꽁초만 죽이고 죽이는 날

아픔의 환희

아프다 말하지 말라
정말 아픈 날이 올 것이니
정말 죽을 맛이다 말하지 말라
그때는 틀림없이 올 것이니

그렇게 아픈 날
그토록 죽고픈 날
지나니 별거더냐
그 개 같은 날들을 상기하자

아프면 딴 고민 없어 좋아
여기가 아프면 저기는 덜 아파
아픔의 환희여 고통의 신비여

아파서 신비로운, 이 찬란한 날
그날이 지금이다
아픔과 고통을 다 이겨내는 날
그날이 지금이다

밥처럼 살자

그래
얼마나 거룩하고 숭고한 삶인가
일을 하든 안하든
여자도 남자도
어른도 어린이도
선인도 악인도
먹어야 생각하고 산다

찬밥 따신 밥 쉰밥
수상한 밥 가리지 않고
세끼의 밥이 되어
거룩한 생명의 한 톨로
행복한 맛이 깃든 밥이 되자

분노에 끓고
애련에 흔들리며
그렇게 벼로 자라다가
먼 산 너머 걸린 달빛

별빛의 노래
빛나는 햇빛과 노닐며
고개 숙여 익어 가다

드디어는 맛있는 밥이 되자

어떤 죄인의 가다밥*이라도 좋다
좋은 주인의 성찬이면 더 좋다
맛있는 밥이면 성공이다
운이 없어 밥풀때기라도 할 수 없다
그냥 밥처럼 살자

감사의 기도가 없어도
시가 없어도
이빨이 없는 이에게도
그냥 배불리 먹을 수 있는
맛있는 밥이 되기 위해 쓰자

* '가다밥'은 거푸집이라는 뜻의 일본어 가다かた와 밥의 합성어로, 틀에 찍어 낸 밥을 말한다. 과거에는 교도소에서 정량 배식을 위해 밥그릇처럼 생긴 틀로 밥을 찍어서 주었기 때문에 교도소 밥을 은어로 '가다밥'이라고 한다.

5부

청춘의 재 속에 불씨가
남아 있는 것일까

첫눈

이 추운 날에 어디를 가란 말인가
가진 것이라곤
병이 깊어
곧 주저앉을 수밖에 없는
이 몸뚱이밖에 없는 놈
이 추운 날에 어디를 가란 말인가
아, 가혹하도다
상상을 해 보았다
누구나
언제나 어디서나
당장 현실일 수도 있는 상황
쓰리고 아련한 경험이여
이 추운 날에 당장 어디를 가란 말인가
서울역 주변 구석구석
증거들이 누워 있다
애처롭고 가련하구나 증거여
바라보는 사람도
병이 깊어 누운 사람도

첫눈이 내리는 서울역
모두 추운 날에는 빈곤하구나

자유는 나의 감옥

쳇바퀴 돌듯 남의 주문에 춤추는 좀비의 생활
항상 하는 변명 피곤과 안일 그리고 버거움
누군가가 대신 짊어지기를 바라는 나태
아 감옥이로다
삶의 가치 중 자유보다 더 거룩한 가치가 어디 있던가
세상에 이런 단단한 감옥은 없다
내 스스로 짓고 내 스스로 지고 다녀야 하는
이 처참한 형벌은 없다
무지는 치졸함을 낳고 치졸함은 불안을 가져오고
불안은 나를 우울하게 해 자유를 질식하게 해
어디에서 어떻게 찾을 것인가 나의 자유여

울음

탄생의 시작과 끝
탯줄의 뿌리가 죽어도 나는 울 뿐
비통함도 한때
모두는 무덤덤하게 살아야 한다
대신 울어 줄 연놈들을 위해

내가 죽어 네가 산다면
우리 삶의 울음을 끝낼 수가 없다
모두는 장엄하게 긴 슬픈 시를 쓰며
버거운 춤과 노래로
숙명적 울음의 노래를 멈출 수 없다

그 누구를 위해
그 무엇을 위해
우리는 울고 울고 또 울고
외롭고 고독한 바람 속에
젖고 젖은 길을 갈지자로 끌고 간다

어차피 주어진 인생이 이러하다면
더 젖고 젖은 길을 가리라
더 울고 아픈 길을

내 주어진 지체의 몫으로

자유를 위해
더 고독하게 외뿔로 걸어 보리라

추억

나를 지배하는 자는 진정 누구입니까
나를 마음대로 못 다스리는 까닭은 무엇입니까
남산 길 명동 길 다 행복하건만
나만이 이리 초라해짐은 어떤 연유인가요

추억의 장소 곳곳이 허무할 뿐입니다
삶을 탕진한 대가인가요
느끼는 건 바람이 좋다는 것뿐입니다
세상디 텅 빈 속에
평소예 전혀 생각지도 않던
나를 달래 주는 이 겨울바람의 향기

몰랐네요
수많은 건물들이 내려다보이는 길
공포 뒤에 따스함
텅 빈 하늘
겨울바람

몰랐네요
나를 춥고 아프게 만든 만큼
이들이 나에게 특별한 추억의 향기를 선물한다는 것을

노숙자

밤마다 뒤척이며 그를 죽이고 있습니다

살인을 합니다

죽이고 싶습니다

거짓과 위선

교만과 허위를 죽이고 싶습니다

절벽 위에서 밀어 끝내 버리기

도끼로 찍어 앉은뱅이 만들기

초산으로 눈깔을 빼 버리기

내 인생에서 배운 모든 잔인을 동원해

밤마다 뒤척이며 그를 깡그리 죽이고 있습니다

그럴수록 그는 더 왕성하게 덤벼듭니다

어떻게 해야 하나요

어디서 왔을까요

왜 이런 악연을 맺어 주었던가요

제 속에 분노가 끓습니다

내 속에 있는 이 새끼를 어떻게 죽여야 하나요

모든 길은 종착점으로 달려간다

내 가는 길이 비록 천박하고 험해도
최후에는
모든 역경의 꽃 만발하고
어여쁜 미소가 있을 것을 의심치 않았는데
결국 이것이란 말인가
정 줄 곳 정 머물 곳 없이
많이도 돌고 많이도 뒹굴었다
역마살이군
펼치면 굵지는 않아도 길기는 하건만
어찌 아직도 굽이굽이
찬바람에 찔리는 꼬인 길뿐인가
아 너무 멀리 밀려왔구나
아 너무 오래 머물렀구나
무엇이 나를 이곳에 얽매이게 했던고
신내림이었어
인생은 어차피 만나고 헤어짐
그래
털 것은 털고

챙길 것 챙기고
아, 답답하고 우울하여라
이곳은 이제 아니야
세상은 학교 길은 교실이라
모든 역경의 꽃 만발한
어딘가 마지막 종착 그곳을 생각하자

목소리

십자가 앞에 섰다
정말 미칠 것 같아
한심함을 이길 수 없어 무릎을 꿇고 빌어 보았다
어찌해야 하나요
용서해 주세요
깊은 참회의 기도를 올렸다
용서를 빌듯이 우선 남을 용서해라
너를 용서하듯이 남도 용서해라
별로 잘한 짓도 없다
따지고 보면 다 너의 죄의 뿌리다
다 용서해라
네가 너를 용서하듯이 가볍게 용서해라
너와 너의 가정이 평화를 얻으리라
용서가 안 됩니다
생각만 하면 피가 거꾸로 끓어오릅니다
그러니까 용서하라는 것이다
그만큼 평화는 어렵고 가치 있는 것이다
위선 떨지 말고 진정으로 용서하라

용서부터 하고 용서를 빌어라

내 안에서

어딘가에서

알 수 없는 목소리가 흘러나왔다

가호가 있기를

도시가 변한 게 아니라
사람이 변했구나
삶의 형태와 질서가

꿈과 희망
마음만 가지고 되는 일이 아니구나
조건이 충족되지 않는다는 것은
결국 부실할 수밖에
또 한 번의 허무한 상처만 남는구나

15년, 너무 오래
너무 멀리 왔구나
도시 속의 섬에서

시간이 아니라
결국은 사람이구나
잃어버린 사람들
버리자, 안 되는 일은

악수의 미련 매달리지 말자
좋은 취미로 남기고
새 길을 모색해 보자

이성과 믿음이 상충한다면
나의 선택은 믿음이다
믿자
나의 발길에 가호가 있기를

위선과 배신

위선과 배신은 제일 큰 죄악
어떻게 해야 하나
어디를 가야 하나
선택은 걱정을 낳고
걱정은 나를 더 버겁게 한다

이렇다 할
답도 결단도 없는 선택의 강요
자존의 자유 의지마저 질식시키는
이 무력함을 확인하는
우울의 극치 속에 빠져 헤맨다

아침, 아침마다
뭔가 있을 것만 같은 기대
뭔가 될 것이란 믿음
결국에는
나를 배신한 것은 결국 나라는
뒤척이는 잠자리에서

허무만 확인할 뿐

어떻게 해야 하나
어디로 가야 하나
오늘은
나를 어떻게 배신할 것인가
아
나의 위선과 배신이여

못 부친 편지

1

남산에 올라

양지바른 곳에 걸터앉아 옛 등성을 바라보며 이 편지를 씁니다

그리움을 버리는 것이 진정 그리움이라 했는데

그쪽에서 따스한 입김처럼 안부의 바람이 불어오면 어쩔 수 없네요

이 내 맘 모를 리 없을 터 미안타거나 죄송하단 말 안 하렵니다

어찌 이리도 애타고 간절한 세월이 무심히 흘러만 가나요

님이여, 어쨌든 님의 기도 덕분에 잘 넘기고 새해를 맞았습니다

아시지요?

몇 번이고 전화기를 들었다 놓아야 하는 사연을

밤마다 그리움의 꿈으로 님의 담 뜨락 너머를 훔쳐보는 심정을

2
정말 멀지 않을 듯합니다
님의 기도와 저의 바람이 재회할 그 날이
어둠이 짖어 오고
이 기적의 도시에 등불이 하나씩 켜집니다
어머니,
막연히 옛일들을 생각하는 회상의 우표로 소식을 전
합니다

부디 그날까지 건강하소서, 아멘!

매일매일이

먼 길을 왔다
대체로 걸어왔다 그러기에 낯설지 않다
때로는 밤 열차로
때로는 새벽 버스에서 졸면서 왔다

꽤 많이 왔구나
앞날이 낯설지 않다
버거운 문제를 안고
설렘의 보따리를 끌어안고
비틀대며 터벅터벅 여기까지 왔다

후회하지 않으리라
여한은 많다만 결코 후회하지 않으리라
내가 선택한 유일의 최선이기에
영광과 후회를 마다할 무엇이 있으리

미래란 것도 대체로 그러하려니
그 무엇이 기다려도

미래의 미래는 대체로 그러하려니

탄생과 부활이, 그리고 영광이

때로는 밤 열차로

때로는 새벽 버스에서 졸면서 오리니

괜찮아요

괜찮아요
어떤 상황이 밀려와도
운명으로 받아들일 수 있으므로
자본주의 속에 살면서
"안 팔아요"
"딴 집을 이용하세요"
"저 꼴로……"
내 돈 주고 밥을 못 사 먹을 때
돈의 가치가 무용하고
내 모습이 혐오의 대상이 되는
그 절망일 때
그때를 생각하면
나를 죽이고 싶었던
그 분노를 다스릴 수만 있다면
어떤 상황이 밀려와도
이제
운명으로 받아들일 수 있으므로
괜찮아요

꽃의 질문

남산 언덕의 바위틈 사이
음습하게 뒤엉킨 가지들 사이사이에서
찬란하게 피어 있는 진달래꽃을 멍하니 바라보다
알 수 없는 신음이 터져 나온다

아직 내 청춘의 재 속에 불씨가 남아 있는 것일까
심장의 맥박이 간절히 외치고 있다
온통 진달래꽃으로 꽉 찬 에덴의 동산에서
가린 나뭇잎도 벗어 던지고 뒹구는 원죄
이것이 금지된 장난이라면 그것은 오직
봄 때문입니다 찬란한 봄 때문입니다

벌하소서 이 애달픈 육신과 마음을
문제만 있고 답이 없는 가련함을
어째서 우리에게 육신을 주셨나이까
황홀한 꿈의 동아줄에 허리가 끊어지도록 잡고
끓는 죽처럼 푹푹 터져 나오는 진달래꽃

걸레 속에는 무슨 기적의 씨앗이 있을까

버려지는 많은 것 중에
아직 용도가 남았나 보다
밀고 닦고 물에 빨아
배배 꼬아 땟국물을 흘리며
최후의 가치를 다하는 가치

의식의 명암의 기로에서
억센 이빨에 물려 어떤 선택도
넘지 못하는
이 긴 탈출의 마지노선에 서면
누구나 기도를 할 수밖에
탁월한 도리란 없는 것

운명 그리고 숙명
운명이 대장간에서 만들어지는 것은
19세기 스타일
21세기 습관은 운명의 운전수라 했는데
둘 다 아닌 것 같다

우연의 가면을 쓴 인연들
이런저런 인연들로 엮어 내는

거룩한 습관의 천연

무엇을 더 훔쳐야 할까나
무엇을 더 닦을까나
걸레가 제 살점들을 깎아

자신의 존재 가치를 묵묵히 다하듯
더 낮은 자세로 마음 깊은 곳을 닦을 것
오리라
쓰레기통에서 장미를 피워 낸 기적의 대속
걸레 속에는 무슨 기적의 씨앗이 있을까

살아간다는 건

살아간다는 건 참 철없는 짓의 연속이로군
밤이 되어야 낮을 알고
늙어서야 젊음의 가치를 알고
반성하고 위안하고 또 반복하고
삶이 무엇인지 알쯤에 결국 죽게 되니 말일세

제 딴에는 심사숙고로
안다고 한 짓이 돌아보면 허무일 뿐이군
그러나 어쩌랴
그것이 우리의 한계고
이생에서의 우리 역할의 몫이었나 보오

미리 알았다면 얼마나 재미없었을까
몰랐기에 살았고
모르기에 의지하며 속으며 사는 것
이렇듯
삶이란 서로 철없음을 감내하며
겸허하게 받아들이며 감사히 사는 것

길 위에서 부른 노래

박경장(문학평론가)

지난 3월 동료 교수 한 분과 권일혁 선생님 병문안을 갔다. 춘천에서도 외진 산속에 위치한 병원에 선생님은 4년여 동안 입원해 계신다. 오랜 거리 생활로 인해 몸도 마음도 많이 쇠약해져 다시서기센터장 신부님의 알선으로 이 병원에 입원하게 됐다. 선생님은 한 달여 전부터 거동도 힘들어 누워만 계셨다. 다행히 정신은 맑아 대화는 가능했다.

"권 선생님, 마침내 시집을 출간하게 됐어요. 기분이 어떠세요."

"그저, 고맙지요."

40여 분 진행된 인터뷰는 선생님과 관련된 추억을 회상하는 내 독백으로 끝나고 말았다. 생기 넘치고 활달했던 선생님을 더 이상 소환할 수 없었다.

권 선생님과는 2008년 3월 성프란시스 인문학과정 4기 입학생과 그해 갓 부임한 글쓰기 교수로 처음 만났다. "인문학? 다른 분은 몰라도 권 샘은 안 될 걸요." 센터 실무자들이 절레절레 고개를 저을 정도로 선생님은 서울역 노숙인들 사이에서도 유명한 분이셨다. 선생님은 술로 떡이 된 채 센터로 찾아와 실무자가 구두 진술을 받아 인문학 지원서를 냈다.

첫 수업부터 선생님은 눈에 띄었다. 칼자국 같은 얼굴 상처, 엉뚱한 질문, 예상치 못한 답변. 쉼 없이 내뱉는 가래 끓는 듯한 소리 때문에 쉼터나 고시원에도 있지 못하고 선생님은 피시방이나 만화방을 전전하며 지냈다.

"교수님, 어떻게 하면 글을 잘 쓸 수 있습니까?"

"그냥, 많이 쓰세요."

내가 했는지 기억나지도 않는 이 말을 선생님은 금과옥조처럼 가슴에 새기고 피시방에서 밤을 새우며 자판을 두드렸다. 인문학과정 일 년, 그리고 졸업 후 십수 년 동안 그가 쓴 시가 어림잡아 1500여 편에 이른다.

선생님은 오랫동안 책, 골동품, 옛날 돈 등을 파는 외판원 생활을 하셨다. 그러다가 옛날 돈 가방을 날치기하려는 강도에게 흉기로 맞아 얼굴에 큰 흉터가 생겼다. 칼자국 같은 얼굴 흉터 외에도, 선생님은 삼십 대부터 온몸에 피딱지 같은 것이 생겼다가 허물 벗듯 벗겨지는 알 수 없는 병을 온몸에 지니고 살아오셨다. 점점 흉해지는 얼굴 상처로 일자리 면접에서 떨어지기 일쑤였고(「차별」), 음식점에서 문전박대를 당하기도 하셨다(「괜찮아요」).

"눈썹 빠진 문둥이의 다래기" 같은 "염병 같은 필연의 홍역치레"를 매년 겪으며(「짜디짠 노래」) 선생님은 자신의 병을 스스로 관찰하고 진단하여 마침내 자신만의 치유법을 찾아냈다. 살결이 터 갈라지고 피딱지가 생긴 것은 자신의 몸 어딘가에 구조가 어긋났기 때문, 이 어긋남을 바로잡기만 하면 나을 터, 방법은 자신의 '목소리 주파수 파장'을 사용해 바로잡는다. 이른바 선생님이 발견했다고 주장하는 '파장계' 이론이다. 그리하여 선생님은 시도 때도 없이 장소 불문하고 노래를 불러 젖혔다. 한국, 이태리 가곡에서부터 미국 팝송, 일본 엔카, 한국 트로트까지.

선생님은 타고난 흥과 끼로 늘 에너지가 넘쳤다. 2009년 성프란시스 인문학과정 안에 결성된 풍물 동아리 두드림Do Dream의 원년 단원으로 선생님과 나는 10여 년 동안 함께 장구를 두드렸다. 여름이면 선생님은 한강으로 흘러드는 샛강에 가 밀린 빨래를 하고, 나무 그늘 아래 앉아 빈 박스를 장구 삼아 두드리며, 매미 소리 반주에 시원하게 목청을 돋우었다. 해가 떨어지고 머리를 뉘이면 선생님에겐 어디든 하루 잠자리였다.

그러다 날이 서늘해지고 밤 기온이 뚝 떨어지면 몇 달 동안 홀연히 사라지곤 했다. 강릉, 속초, 설악산, 부산, 마산, 진해 등지로부터 전해 온 안부 소식은 센터 온라인 자유 게시판과 동문 게시판에 올린 시편들이었다. 선생님은 사람의 온기를 뜨겁게 갈망했지만 억지로 붙잡거나 헤어짐을 섭섭해하지 않았으며, 그리움을 소중히 간직하되 구

걸하지 않았다. 늘 그렇듯 무소의 뿔처럼 다시 길로 나섰고, 길 위에서 걸레 같은 시를 닦고 빨았다.

환갑이 지나 마땅한 일자리를 찾을 수 없었던 선생님은 어느 날부턴가 길 위에서 개인 사업을 시작했다. 인사동 어귀, 망가진 컴퓨터 모니터에 '한 푼만.com'이란 상호를 붙이고 무반주에 갈고닦은 노래를 불렀다. 영업 원칙은 웃음과 슬픔을 당당하게 팔되, 하루 영업 이익으로 오만 원을 넘기지 않을 것. 오만 원을 넘기면 여지없이 과음으로 길바닥에 쓰러져, 자고 일어나 보면 가방이 사라진 경우가 부지기수였던 까닭이다. 그렇게 번 돈으로 선생님은 하루 한 끼 자신을 정성껏 대접했다.

"우리 학교는 아무나 올 수 있는 학교가 아닙니다. 자살 미수 2범에, 유서 한두 통쯤은 몸에 지니고 다녀야, 들어올 수 있는 대학입니다." 선생님이 성프란시스 5기 입학식 때 졸업생 축사로 한 말이다. 30여 년을 거리 노숙인으로 살아온 선생님에게 죽음은 때론 삶보다 유혹적인 갈림길이었을지도 모른다. 어떤 구속으로부터도 자유로운 삶을 살았으나 어디에도 소속되지 못했던 경계 밖의 삶. 스스로 짓고 스스로 지고 다녔던 자유라는 감옥 속에서 선생님이 자신의 존재를 증명할 수 있는 유일한 길이라고 선택한 것이 글 길 '시'였다.

'권일혁 시인.' 선생님 인생에서 사회적으로 처음 공인

된 호칭이다. 나는 막 나온 시집을 들고 권 시인께 달려갈 것이다. 마음 병을 앓고 있는 시인의 환우들 앞에서 시인 대신 몇 편의 시를 낭독할 것이다. 넘어질 때마다 십자성이 되었다던 시인의 어머니 계신 곳을 향해 창문을 열어 시집을 올려놓고 시인 대신 큰절을 올릴 것이다.

권일혁 시인의 집에 초대합니다

김응교(시인·문학평론가)

　2012년 10월이었다. 오전에 학교 수업하고 조금 쉬다
가 숙대입구역에서 가까운 다시서기센터로 향했다. 원래
4시부터 노숙인과 함께하는 '민들레 문학교실'이 있는데,
준비도 할 겸 한 시간쯤 일찍 갔다.

　교실은 지하에 있었다. 낮에는 부엌과 식당으로 쓰는
공간의 구석이었기에, 된장국 냄새며 묵은김치 냄새며 퀴퀴
한 습기가 교실에 스며들어 있었다.

　교실에는 한 분만 앉아 계셨다. 얼굴에 흉터와 상처가
있어 얼굴을 가리고 말하는 분이셨다. 그분은 사물놀이
연습을 마치고 일찍 교실에 왔다고 했다. 다른 분들이 오
실 때까지, 복사해 온 함민복 시인의 산문시 「눈물은 왜
짠가」를 읽어 보시라며 드렸다. 그가 「눈물은 왜 짠가」를
읽고 나서 나에게 물었다

　"이게 시인가요?"

　"산문시라고 하지요."

　"제가 쓰는 시는 좀 다르거든요."

　'제가 쓰는 시'라니, 약간 과장처럼 느껴졌다. 시를 쓰
신다고?

154

"서울역에서 종일 할 일이 뭐 있습니까? 그냥 시만 썼지요. 노숙자 쉼터나 용산시립도서관이나 어디든 시집이 있으면 닥치는 대로 읽었어요."

사람들이 있을 때는 말수가 적었던 그는 나와 둘만 있자 편히 말을 이었다.

"성프란시스 인문학교실에서도 글을 써냈더니 저 보고 잘 쓴다고 몇 번 잡지에 발표하고 원고료를 받은 적도 있어요. 근데 내 글이 정말 시인지 어느 정도인지 몰라요."

그저 시를 좋아하는 정도겠지, 하며 끄덕이면서 내가 말했다.

"제가 지금 이 노트북에 받아 적을 테니 이번에 주제로 정한 '집'에 대해 말해 보세요."

받아 적으려는 나의 태도에 뜻밖에 그가 반갑게 반응했다.

"아아, 고맙습니다. 정말 제가 바라던 거예요. 제가 쓰는 글이 어떤 수준인지, 시를 직업적으로 쓰는 선생님 같은 분에게 직접 듣고 싶었어요."

"……그러세요. 그럼 말씀하세요. 제가 컴퓨터로 쳐 드릴게요."

아이처럼 웃으며 그가 한마디씩 털어 냈고, 나는 그의 말을 받아 적었다.

"집 없이 사는 삶은 비굴합니다……. 집이라는 단어 앞에서 인간은 인간이 아닙니다. 우리는 하룻밤 잠자리를 얻기 위해 쉼터 앞에서 세 시간 이상 줄을 서서 기다립니다…… 하룻밤에 백오십 명만 잘 수 있기 때문에 그 안에 들려고 일찍 와서 줄 서 있어야 하니까요. 내 분신이 될 온갖 물건을 줄 위에 세워 둡니다…… 낙오자의 상징인 쭈그러진 깡통, 패배자를 닮은 뭉개진 종이컵 같은 걸 자기 대신 세워 두죠. 겨우 하룻밤 잘 수 있지만, 150명 안에 못 들어 표를 받지 못하면 다시 서울역으로 돌아가야 합니다……."

여기까지 말하곤 노트북 화면을 보던 그가 말했다.

"선생님, 그냥, 제가 종이에 써 볼게요. 아무래도 이런 식으로 글이 안 되네요. 저는 시밖에 못 쓰나 봐요. 시집만 읽어 와서 그런가 봐요. 이렇게 연설하듯 하니까 재미없어요. 제가 종이에 써 볼게요."

그 무렵 방문이 열리고 몇 분이 더 들어왔다. 모임 시작 시간인 4시에 맞추어 오시는 분들이다. 그러고 보니 한 시간 동안 그와 일대일로 대화했던 것이다. 둘이서만 대화했던 한 시간 동안 그의 얼굴은 밝았다.

"이렇게 작가랑 대화해 보니 정말 좋네요."라고 몇 번을 말하며, 그는 종이에 끄적이기 시작했다. 나는 교실에 오시는 분들에게 그날 수업할 종이를 나누어 드리며, 일주일 동안 잘 지내셨는지 인사를 나누었다.

156

다른 분들과 대화하는 동안 그는 노트북에 톡톡 두들겨 뭔가 쓰더니, 그 글을 종이에 옮겨 썼다. 그동안 나는 다른 이들이 써 온 글을 한 명 한 명 읽어 주고 글을 보충해 주고 고쳐 주었다. 몇 사람의 글을 고쳐 주고 나니, 그가 다 쓴 종이를 내게 건넸다. 순간, 나는 믿기지가 않았다. 정말 이 사람이 방금 쓴 글일까. 종이에는 「존재의 궁전」이라는 제목으로 시가 쓰여 있었다.

　　　　묻지 마라
　　　　내 젊은 열정과 삶의 목표에 대한 지배자의 이름을
　　　　함부로 토설치 마라

　　　　바람이 불었다
　　　　잔인한 정글의 어금니로부터 독사의 혀를 통해
　　　　불어온 바람,
　　　　아이엠 아파,
　　　　아, 아, 나는 너무 아파
　　　　견디고 견디다 드디어 놓아 버렸다
　　　　돌이켜 보니 내 최후의 보루를 건 삶의 끈을
　　　　놓아 버린 피맺힌 결단이었지.
　　　　돌이켜 보니 몸서리쳐지는 처절한 슬픔 속의
　　　　시간들,

드디어 나의 궁궐은 장엄하게 무너지고

하늘도 결코 가를 수 없음을 의심치 않던

모진 인연은 뿌연 추억의 먼지로만 휘몰아치며 싸그리

날아가 버렸다

존재의 궁전

묻지 마라.
내 젊은 열정과 삶의 무료에 대한 지배자의 이름을
함부로 토설치 말라.

바람이 불었다.
장엄한 장중의 어슴다로 부터 돋시의 혜광을 통해
붐너로 바람.
아이엠 아하.
아 나는 너무 아파.
견디고 견디다. 드디어 놓아나 버렸다.
돌이켜 보니 내 최후의 보루를 걸든 삶의 끈을
죽어버린 혼헷한 견디이 었지 처절한 삶통과
돌이켜 보니 봄시러 처지는 처절한 삶통과
시간들.

드디어 그리 궁궐은 장엄하게 무너지고
하늘도 결코 가를 수 없음을 의심치 않던
모진 인연은 사그리 날라가 버렸다
뿌연 추억의 먼지로만 휘 몰다 치며

158

종이를 받고 나는 깜짝 놀랐다. 메모라 하기엔 처절한 성찰이 있는 아포리즘이었다. 이 정도 문장을 몇 분 내로 낙서처럼 쓰려면, 늘 시를 쓰듯 시적 상상력 안에 머물러 있어야 한다. 놀란 나머지 나는 보관하고 싶다 하고, 그가 글을 쓴 종이를 가방에 넣었다.

15년 이상을 서울역에서 살아오면서 느낀 감정을 담아보았다며 그는 목소리를 조금 높였다.

"노숙인들이 다 게을러서 노숙인이 된 게 아녜요. 나라 정책이 잘못되어 세입자가 졸지에 노숙인이 되는 경우도 있고, 소 키우다가 소값이 지렁이값만도 못하게 되어 자살하거나 서울역에 내려 노숙인이 되는 경우도 많아요. IMF야말로 국가가 국민 중 약자들을 모조리 낙오자로 만든 '국가적 살인'이죠. 쌍용 해직자나 비정규직을 거쳐 노숙인이 돼요. 버려진 우리에게 서울역은 그나마 궁전이에요."

그의 말은 정확했다. 그가 뭐라고 더 얘기하려는 참에 말허리를 자르고 내가 말했다.

"……글 쓰셔야 할 거 같은데요."

이 말은 직업적으로 글쓰기를 권하는 말이었다. 멈칫하더니 그가 나직하게 말했다.

"그간 결핵에 걸려서 시를 쓰지 못했어요……. 이젠 약을 먹으며 치료하고 있어요. 쉼터에 있으면서 쉼터 컴퓨터에 기억나는 대로 블로그에 올려 놓았어요."

일단 그와 벗이 되기로 했다. 내 가방엔 습관처럼 시집이 있는데 그날은 함민복 시집이 두 권 있어서, 다른 문학책과 함께 그에게 드렸다. 내 연락처도 적어 드렸다.

"선생님께서 내 시를 계속 읽어 주시는 거죠. 정말 좋습니다."

그의 얼굴이 밝아졌다. 수업을 마치고 밖으로 나가려할 때, 그는 쉼터 사무실 직원들에게 얼굴 근육을 실룩이며 말했다.

"있잖아, 선생님이 나, 글, 잘 쓴대. 그죠! 선생님."

어린애처럼 자랑하고 있었다. 온갖 흉흔 흉터가 있는 얼굴이 햇살 받은 들꽃처럼 장글장글 빛나고 있었다.

수업을 마치고 귀가하여, 그가 가르쳐 준 그의 네이버 카페에 검색해 들어가 보았다. 그의 말대로 천 편이 넘을 정도로 많은 시들이 올라가 있었다. 보석으로 다듬어지기 전의 광물을 원광석原鑛石이라고 한다. 그의 카페에는 다듬어지지 않은 원광석들이 천여 편 뒹굴고 있었다. 빈센트 반 고흐가 이랬겠지. 고흐가 살아 있을 때 그를 알아본 자는 동생 테오밖에 없었지.

그가 충분히 작가적 수준에 도달해 있다는 것을 확인했다. 얼굴에 흉터가 많아 첫인상이 무서웠지만 사실 엄청난 시를 자신만의 공간에 발표해 온 재능 있는 시인이었다. 그는 이미 만들어진 원광석이었다.

내가 편집위원으로 있는 계간지 《리얼리스트》에 그를 등단시킬까. 이런저런 궁리도 해 보았다. 자칫 잘못하면 원광석을 상품으로 만들 우려가 있다. 그저 나는 아무도 모르는 원광석을 만난 것이다. 예술의전당이나 박물관에서 만나지 못할 보석 이전에 원광석과 대화한 것이다. 그러다가 그를 다시 못 보았다. 다시서기센터 직원에게 물어보니, 그렇게 그는 갑자기 사라져 버리곤 한다고 한다.

이후 그를 몇 년 동안 볼 수 없었다. 성프란시스대학에서 강의를 하면서, 박경장 교수님과 그에 대한 이야기를 나누었다.

몇 년 전에 그를 다시 만났다며 박 교수님께서 연락을 주셨다. 박 교수님은 그 많은 시들을 이미 선별해 놓으셨고, 시인 김성규 대표는 시집을 선뜻 내겠다고 했다. 13년 전 서생을 흥분시켰던 시들이 이제 한 권의 시집으로 모였다.

'서울역'이란 단어는 이 시집에 자주 나오는 공간이다. 서울역은 그의 둥지이지만, "서울역 움푹한 그곳엔/옹기종기 둘둘 말린 그 속엔 하늘이 없"(「해 담아 마시는 노래」)다. 노숙인의 지친 꿈과 버거운 육체의 날개가 쉴 수 있는 서울역은 생존의 마지노선이다. 서울역의 긴 겨울밤

은 "불쌍하고 가련한 내 참회의 스승"(「서울역」)이며, 가
장 확실한 비애의 스승이다. 서울역 지하도와 광장에 누
워 있는 노숙인들은 여지없이 참혹하게 내쳐지는 매몰찬
자본주의의 증거들이다.

> 이 추운 날에 당장 어디를 가란 말인가
> 서울역 주변 구석구석
> 증거들이 누워 있다
> 애처롭고 가련하구나 증거여
> 바라보는 사람도
> 병이 깊어 누운 사람도
> 첫눈이 내리는 서울역
> 모두 추운 날에는 빈곤하구나
>
> ─「첫눈」 부분

　서울역 지하도에서 조금 몸을 눕히려면 물청소한다며
쫓아낸다. 그래도 노숙인들에게 서울역은 고향 없는 이들
이 그나마 기댈 곳이다. 거기서 노숙인이 노숙인을 만나
고, 밥을 얻어먹을 수도 있다.
　13년 전 그가 써서 내게 건넨 메모에는 이미 이 시집에
담긴 상상력이 응축되어 있다. '궁전' 혹은 '궁궐'은 서울역
에서 한 사람만 간신히 누울 수 있도록 두꺼운 골판지 보

루바꾸[1]로 찬 기운을 막은 '골판지 집'이다. 버려진 산업 쓰레기로 집을 지은 보루바꾸, 행인이 무시하며 지나칠지 모르나, 그 안에 누운 분들에게는 존재의 존엄을 지켜 주는 안락한 방이며, '나'를 위한 유일한 누런 궁궐일 수도 있다. 그들이 가장 그리는 공간은 집이다.

> 나는 오늘도
> 파고다 공원 뒷골목
> 푸짐한 순댓국집 우리 집으로 간다
>
> 작은 업장
> 찌든 역사의 질곡의 주름살들
> 온갖 삶의 시름들이 왁자지껄한
> 나 또한 버거운 거리들
>
> 해를 담아 숙성시키고
> 시름을 씹고 마시는
> 파고다 공원 뒷골목
> 푸짐한 순댓국집 우리 집으로간다
>
> 내 얼굴을 본 직원이 독감 사절

---

1   '종이 상자'의 옛말.

한번 놀려 주길 기대하며
또 한 톨의 짐을 더하며
끈질긴 삶
소박한 미소
내가 기대하는 미래의 우리 집
인정어린 남매들의 우리 집으로 간다
—「우리 집으로 간다」 전문

자본주의 세상에서 집은 가장 확실한 계급장이다. 아파트며 단독 주택이며 빌라며, 그 집을 얻기 위해 인간은 비열해지고 구겨진다. 이 쉰밥 같은 회색빛 도시에서 그는 "푸짐한 순댓국집"을 우리 집으로 명명한다. 지금은 아니지만 미래에 "인정어린 남매들의 우리 집"을 꿈꾼다.

지금은 사정이 많이 좋아졌지만, 13년 전 남영동에 있는 다시서기센터의 지하 주차장에 점심시간에 가면, 세 시간 전부터 무리가 오열종대로 줄지어 식사를 기다렸다. 미리 한번 먹고 뒤로 갔다가 다시 먹으려고 쭈그러진 우유갑이며 온갖 잡동사니들을 줄지어 놓았다. 20여 년 전 도쿄 우에노 공원과 오사카의 니시나리에서도 홈리스들이 같은 방법으로 줄지어 점심을 기다렸었다. 여러 곡절로 거리에 나와 있는 많은 이들에게 사회는 차갑고 분노하고 싶은 대상으로 보일 때도 있다. 그는 그 분노보다 단독자로서 새로운 평화의 궁전을 꿈꾼다.

고정된 울타리 밖은 언제나 깜깜하다
이 미지의 밖은 주인이 없다
그 긴 시간 동안 별만이 주인이었다
항상 기다리고 있다
땅의 주인을 그리고 태양을
첫 발자국을 찍은 자가
그 미지의 땅, 해이며 왕이다
물을 찾고
씨를 뿌리면
꽃이 피고 새 울고 벌 나비 찾아오리
이 광활한 영역에
집을 짓자
아주 웅장하고 광활한 담장이 없는 집을
성곽이 필요 없는 모두의 평화의 궁전을
　　　　　　　　　　　　　—「평화의 궁전」 전문

　그의 삶이 어떠한지 들은 바 있지만, 나 같은 먹물은 가까이 다가갈 수도 없는 과정이 있었을 것이다. 때로는 절망하고 분노할 수밖에 없는 처지에 그는 스스로 단독자 singularity로서 더 큰 세상을 꿈꾼다. "아주 웅장하고 광활한 담장이 없는 집을/성곽이 필요 없는 모두의 평화의 궁전을" 짓자고 제안한다. 그가 그리는 담장이 없고 성곽이 필요 없는 평화의 궁전이 현실에서 구체적으로 어떤 집일까. "네가 너를 용서하듯이 가볍게 용서해라/너와 너의 가정이 평화를 얻"(「목소리」)는 집이 아닐까.

일찍이 김수영 시인(1921~1968)은 최고의 시가 되려면, 그 시인만의 땀 냄새, 체취體臭가 사회적 맥락을 반영해야 한다고 했다. 김수영 시인은 당시 《사계》 동인들을 비판하며 "나는 그들에게 감히 말한다. 고통이 모자란다고! '언어'에 대한 고통이 아닌 그 이전의 고통이 모자란다."(「체취의 신뢰감」)고 아쉬워했다. 적당히 관념적인 단어를 늘어놓는다고 시가 아니다. 시인 자신만의 땀 냄새, 생활의 체취가 있어야 한다.

이 시집에는 그만의 체험이 없으면 쓸 수 없는 구절들이 보석처럼 빛난다. 병들고 배고파 더 이상 기어갈 힘도 소진되어 병든 쥐새끼로 헐떡거리는 그때 눈치 빠른 노숙인이 종이컵에 물을 따라 왔을 때 "그 거룩한 손 찬란하고 찬란한 신비의 종소리"(「찬란한 기쁨」)라는 구절은 경탄할 만하다. 밑바닥에서 죽음의 지경을 넘어선 그만이 쓸 수 있는 놀라운 구절이다. 자신만의 체취로 대한민국의 밑바닥을 드러낸 이 시집은 기억해야 할 작품집이 될 것이다.

드디어 그는 시로 지은 집을 지었다. 이 시집이 그의 집이다. 이 시집을 읽는 당신은 '권일혁 시인의 궁궐'에 놀러 오신 손님이다. 자신만의 오롯하고 고유한 단독성을 갖고 있으면서도, 타자를 배척하지 않고, 타자의 상처까지도 포용하는 보편성universality으로 지은 튼실한 '평화의 궁전'이 이 시집이다.

> 감사의 기도가 없어도
> 시가 없어도
> 이빨이 없는 이에게도
> 그냥 배불리 먹을 수 있는
> 맛있는 밥이 되기 위해 쓰자
>
> ─「밥처럼 살자」 부분

이 놀라운 존재의 궁궐, 이 평화의 궁전에 다른 이들도 놀러 오시도록, 놀러 오셔서 "한계 상황"(야스퍼스)을 극복하는 찬란한 단독자를 만나 보시도록, "맛있는 밥이 되기 위해" 쓰인 이 시집에 친구들을 초대해 주시기 바란다. 이 시의 '집'을 선물로 보내시기 바란다. 권일혁 시인의 집에 자신 있게 초대한다.

빗물 그 바아압

2025년 9월 22일 1판 1쇄 펴냄

지은이   권일혁
펴낸이   김성규
펴낸곳   건는사람
편집   조혜주 최주연 권은하
디자인   신혜연
주소   경기도 용인시 기흥구 동백중앙로 358-6, 7층 (본사)
          서울 마포구 월드컵로16길 51 서교자이빌 304호 (지사)
전화   031 281 2602 / 02 323 2602
팩스   02-323-2603
등록   2016년 11월 18일 제25100-2016-000083호

ISBN 979-11-7501-011-6 04810
ISBN 979-11-960081-0-9 (세트)